초록 법설

시와총림

* 저자의 의도에 따라 작품의 보조 동사와 합성 명사는 띄어쓰기가 달라질 수 있습니다

초록 법설

홍일선 시집

절 하소서

아침에 들녘 향하다가
맨 먼저 눈 마주친 이가
도리 노인회장님이 아니옵구
띠풀 하찮은 초개였더라도
그에게 절하소서
바뻐 절 못하였다면
해질녘 돌아오다가 만난 이가
반딧불이 푸른 신령이 아니옵구
하필 검은 비니루들이었더라도
그에게 절하소서

‖목 차‖

1부 초록진경도

심고	013
초록 대각	014
초록 혁명론 1	015
초록 혁명론 2	016
초록 혁명론 3	017
초록 영구혁명론	018
초록 성전	019
초록 흰빛	021
초록 서사	022
초록 서사	024
초록 동맹	026
초록 일가	028
초록 경물	029
초록 신위	031
초록 슬하	033
초록 법설	035
초록 보살	037
초록진경도	038

2부 밭의 신령들

연두 붓	041
연두 몇 페이지	042
연두행	043
벼꽃을 바치나이다	044
깨알체	045
경물들	046
밭의 신령들	047
만월 법설	048
천지불인	049
찔레꽃머리*	050
동업들	052
천지자연체	053
생불들	054
생명 축전	055
논이여 절 받으소서	056
논의 비원	058
하지 논	060

3부 영험한 말씀

한 밥상	063
영험한 말씀	064
벼락	065
밭묵상	066
밭묵상	067
밭의 사상	069
뒤란	070
토란 보살	071
울음 공양	072
저물녘	074
울음경전	075
울음 경전	076
울음 공부	077
액년 설법	078
아픈 꽃	079

4부 신령님이여 숲을 떠나지 마옵소서

거룩한 온기 083
출행 084
신령님이여 숲을 떠나지 마옵소서 085
꽃 그만 주소서 087
성자들 088
속죄 089
피붙이들 090
선근 091
무거운 물건 093
논 공덕 095
꽃에 씌었나이다 096
열대야 097
육철낫 098
밑창 099
그 불 100
구신 101
수원농고 102

5부 시 한 근 값 묻는 농부가 있었습니다

소년행	105
홰나무	106
성물	107
봉우리	108
초란	110
바리데기들이여 우투리 소년들이여 지금 어디쯤 오셨는가	111
어둠으로 돌아가소서	113
치성례	115
걷는 이	116
쓰러진 곳	117
참회	118
그대에게 가는 길	120
시 한 근 값 묻는 농부가 있었습니다	122
다시 심고	124

6부 발문
천지 동업들의 말씀

농자	128
여강옹	129
산림거사	130
미가	131

1부

초록진경도

심고

밥이 하늘님이라고 믿으신

아버지와 어머니는 흙님당

무명당원이셨습니다

나는 그 당원증을 무난히 승계하였습니다

아울러 나는 숲님당 당원입니다

그리고 강님당 당비도 꼬박꼬박 내고 있습니다

또 나는 햇빛님당 오래된 당원이며

곡식님당 풀뿌리 당원이기도 합니다

내일 감자를 캔 뒤에는 흰구름님당에

벼꽃이 활짝 피면 떠돌이별님당에도 입당

늦었지만 조부님이 평생 흠모했던 인내천

경인 경천 경물당 권리당원이 될 생각입니다

초록 대각

그의 소원은
꽃이 되는 것이 아니라
한그릇 밥이 되는 것이어서
아무 데서나 발걸음
멈추지 못하는 것인데
가여운 초록 내림
그 가계 오래된 유습은
자비심 들끓는 시간 찾아
불볕 이글거리는 곳에 좌정하여
고요히 육신 내려놓는 것
순결한 공희물이 되시는 것
초록 내림에서 초록 대각으로
천천히 숨소리 사위어가는
호박 노화상
그의 소원
거룩하지 않은가

초록 혁명론 1

저 꽃들

어두운 세상 밝히다 가는

고독한 순교자라고

외로운 독생자라고

그 길 가는 이 몇 꼽으라면

저 야생화 무리일 것이라는

밭의 말씀 들려왔는데

초록혁명론 서설이었다

초록 혁명론 2

근사한 꽃 곁에나

가까이 가려 했던 나는

초록이 품은 혁명이 두려워

그 말씀 들으려 하지 않았고

세상이 궁금한 어린 연두 잎들이

공근히 귀 세우는 저녁

밭 귀퉁이 지키는

아욱들도 갈 때가 되었는지

몸이 수척해져 있고

생의 절정을 보내고 있는

명자꽃나무 푸른 눈썹만

청청하였다

초록 혁명론 3

하지 무렵이면

감자밭 갈아엎은 자리에

얼갈이며 열무 씨도 뿌려야 하고

참깨 모종도 해야 하고

돈이 된다고 해서 공들여 심은

블루베리도 힘들여 뽑아내야 하는

어느덧 나도 수구가 된 것이다

밭의 말씀 새겨듣지 않은 죄

초록 법설 모시지 못한 죄 큰 것이다

초록 영구혁명론

지나온 날 돌아보면

뜨거운 여름은 혁명 성장기

가을과 겨울은 비폭력 혁명 수행기

꽃 다투어 피는 봄은 혁명 대폭발기

그렇다 푸른 숲 연초록 논밭은

영구평화론을 위한

무위이화 근거지였던 것이다

날은 저물고 길은 아득한데

나는 너무 늦게 깨달은 것이다

그리하여 영구혁명론은 세습되는 것이다

초록 성전

오늘도

내일도 모래도 글피도

매일 탄신일인 마을이 있습니다

여강께서도 푸른 여울소리를

그리워하기 시작했으니 다행이고

망백 축하연 백로 춤사위가 장관이었고

도리 마을 초입

홰나무 연둣빛이 눈부셨고

사당골 할머니 망백을 어떻게 알았는지

익모초들이 진초록을 풀어놓기 시작하였습니다

가진 이와 못 가진 이가

서로 보듬어 안는 유무상자有無相資가 미쁜

모두 다 가난했기에 깨끗한 마을

모든 탄생은 거룩하다는

초록 성전 정오입니다

초록 흰빛

그곳 돌모루 에움길

이제 그만 잊으려 하네

나만 알고 있어서

나 혼자서만 사랑할 수 있어서

행복하였던 잔밭골

조용히 옻샘 지키던

불두화 흰빛들도

이제 지우려 하네

초록 작은 성채 가는 길

버들치 일가 한가로운 냇물이

백 년 좋이 해자垓字였던

그곳 이제 등지려 하네

초록 서사

오랜 날

짓밟히고서도

하룻밤 지나고 나면

아무 일 없었다는 듯

노여움이나 신산고초 따위

그것 대수 아니어서

고난 지나가고 보면

대덕 큰 스승이 되어서

쓰러져서야 목 베허지고 나서야

고요 적정에 들 수 있다니

천천히 대지로 돌아가는 것이라니

그 초록 서사 거룩하지 않은가

천지 만물에게는

신성이 들어 있다고 굳게 믿는

아하 불굴의 초록 서사

참으로 고귀하지 않은가

초록 서사
-후기

그들 생사관은 단호했다

그리움 물들이시던 산벚꽃도

올해는 아까시아꽃도 잠깐이었다

아픈 신령님 기별이 돌았던 것

논도 밭도 숲도 강물도 알고 있었던 것

이 땅 모든 초록들 다 알고 계셨던 것

인간들만 몰랐던 것

사람이 꽃보다 아름다운 시절

정녕 있었느냐고

정녕 있었느냐고

힐문하는 침묵의 봄

그들은 이 화탕지옥에서

더는 꽃 보여주지 않겠다는 것인데

더는 수태하지 않겠다는 것인데

더는 출산하지 않겠다는 것인데

먼 곳을 잃어버린 늙은 농부가

참담한 초록 서사를 조용히

묵상하고 있는 것이다

초록 동맹

세상이 질고로 가득하니
그들은 불임으로 답 주었다
잎새는 무성하였지만
꽃 내놓는 것을 두려워했고
끈닿아 열대야가 계속되었고
또 초록별 어디에선 혹한이 일상이었고
세상이 아수라 야수들로 넘칠 때
한 생명은 한 생명을 거부할 수 있는 것
씨앗을 과실을 주지 않겠다는 것은
종족을 퍼트리지 않겠다는 것은
인류세 끝이 가까이 왔다는 선언
미래 세대를 도둑질하지 말라는
그레타 툰베리 소녀의 초록 법설을
그들도 삼가 경청하였던 것

그들은 초록 동맹

강경파 맹원이 된 것이다

초록 일가

씨앗 섬기는 이에게

천지부모 아닌 것 없나니

천하 만물이 다 혈육이나니

바랭이풀들 여뀌들 쇠비름들 소루쟁이들 삘기들…

비루한 이름들 모두

숱하게 많은 모진 필생들 모두

불가촉 금기의 계보들 모두

천지자연 지극한 종친이거니

가문 날 천둥소리 그리워하는

경물 근친들이시나니

세세연년 대를 이어

삼가 초록 법설 모시는

초록 일가이시나니

초록 경물

보리 거두고

무엇을 심어야 할지 몰라

애벌갈이도 못 하여

며칠 밭에 나가보지 못한 것이

어디 체한 것처럼 거북하였는데

물꼬 보러 나왔다가

방금 피어난 벼꽃 바라보면서

눈물 글썽이는 이 있다

하늘님과 동업하는 농부들

목마른 땅 먹구름꽃 그리워하는

천지부모 어진 슬하들이거니

하오나 하오나 울고 싶은 날 너무 많다는

우리 초록 피붙이들이시어

오늘은 경인 경천도 좋지만

물물천 사사천* 깊이 헤아리면서

애오라지 경물敬物만 하옵소서

경물 생각만 하옵소서

　*物物天 事事天 : 모든 물건마다 하는 일마다 하늘님이 작용한다는 해월 법설

초록 신위

밭에서

힘이 센 그한테도

마음 졸이는 것이 있는데

사람 발자국 소리라고 했다

우리는 서로 통성명 한 적 없어도

내 눈동자 속에 그가 들어 있고

그의 눈동자 속에 내가 있으니

우리는 눈부처 동기간인데

억센 뿌리로 밭둑 지켜 주셨으니

작고 힘없는 초록 형제들에게

큰 그늘이 되어 주기도 했으니

노고 많았다고 치하하고

내년에 또 보자는 말 전하고

그의 몸에 조용히 낫을 대었다

망초 그의 눈빛은 고요하였고

해는 중천에 있었다

신위神位 하나가 는 것이다

초록 슬하

밭 생긴 이래

작인 수십 번 수백 번 바뀌었어도

말없이 밭 지키고 있으면서도

한사코 자기는 주인이 아니라는 이들

자비가 무엇인지 잘 모른다면서도

온몸이 대자대비이신 초록이들

저 순일한 눈빛 좀 보옵소서

한여름 내내 연두로 불 밝혀져 있는

연두 밭이 그리워서 들렸다는

작은 새 찌르레기 눈빛 좀 보옵소서

연두 자비에 취하여 다시 찾아왔다는

제비 일가 저 착한 눈하고도

한 번 눈 맞춰 주옵소서

모두 다 밭 주인이시나이다

모두 다 초록 슬하들이나이다

초록 법설

-불을 꺼라

 빛을 거부하라

천둥 벼락

근본 태생이 삿된 것 보고 못 지나갔으니

하오나 눈물도 많으셨으니

오래 참았던 노여움 꺼내놓는 날 오면

초록별은 눈물로 넘쳐나

곳곳 크다란 슬픔 불어나

쓰라린 울음소리 있었으니

그의 근심 점점 깊어 가

기어코 봄의 침묵이 찾아오셨고

침묵의 뜻 너무 깊고 넓어

감히 헤아릴 길 없었으니

봄날 아예 없을지도 모른다는 말씀

차마 전하지 못하는

그런 천둥 벼락이셨으니

귀한 빛 너무 과용하여

뜨거운 빛 가까이 간 대죄 있어

우리 모두 눈멀어야 했으니

탐욕의 불 광란의 빛에 만취한

초록별 청맹들 깨우쳐 주는

천둥 법설 넉 자

빛 을 꺼 라

간곡히 간곡히 일러 주시는

최후의 벼락 법설 여섯 자

당 장 불 을 꺼 라

초록 보살

그이 옷이

초록 단벌인 것은

초록빛 말고 다른 빛 모르기 때문이리

그의 도타운 벗들

소 도야지 닭 염소 당나귀 고라니 청설모들

여치들 방아깨비들 장수하늘소들

삼라만상 생령들

겁 많은 벗들에게

눈 맑은 형제들에게

기꺼이 밥이 되어주어서

남김없이 초록빛 공희하나니

보살행으로 늘 바쁘나니

과연 초록 보살이십니다

초록진경도

타는 여름

이슬 한 방울

봉선화 꽃잎에 맺히셨는데

엄나무 가시에 눈물 맺히셨는데

가만히 들여다보니 당신이었습니다

무위이화 초록진경도

공경 하늘님이셨습니다

2부

밭의 신령들

연두 붓

그곳에

내 숨 소리 다가가서야

겨우 몸 보여주시는 생령들

연두는 어떻게 봄빛이 되는 것인지

연두는 혼자이면서 늘 여럿인지

그것 지켜보는 작은 붓이었으면

먼데 바람 드센 그곳에

내 숨소리 닿지 못한다 해도

외로운 것들과 함께 있겠다는 서원

잊지 않는 연두 붓이었으면

연두에 맺힌 이슬 한 방울

자비심이었으면

연두 몇 페이지

천둥 번개 소리에

백 년 느티나무께서는

답례로 연두 몇 페이지

가만히 내려놓는 것인데

평생 움켜쥐기만 했던 이가

천둥 번개 소리에 크게 놀라

숨을 곳 찾아 멈춘 곳이 있는데

느티나무 따슨 품이었는데

그에게는 연두가 없었다

연두가 무엇인지도 몰랐다

연두행

연두라는 시간

자신이 연두임을 모르고 사는

천치 연둣빛 마을

그곳 가는 길 가르쳐 주옵소서

연두행 가르쳐 주옵소서

벼꽃을 바치나이다

-1946년 10월 하늘님들께

못자리 논 앞에서

두 손 비나리 하는 어머니도

그 지극 간절 바라보는 야윈 둠벙도

억시디억신 바랭이풀 일가도

10월 폭풍에 왼쪽 우듬지 찢겨 나간

논둑 버드나무 유순한 그늘도

모두 다 하늘님이시라는

어진 하늘님 식솔들이라는

그리하여 서로 그리워하는 것들 눈빛 속에는

하늘님이 살고 있다고 믿으신 어머니께서

고봉밥 한 그릇 떠 놓고

이천식천以天食天 천지부모 향해

벼꽃을 바치는 것이었습니다

깨알체

예전에

우리 모두 가난했을 때

깨알같이 쓴 편지 받고 울었다는

어머니 말씀 들은 적 있습니다

오늘 들깨를 털었는데

망모忘母 못 박힌 손이 자꾸 눈 가려

들깨 한 움큼 집어

왼쪽 손바닥에 어 머 니 석 자

공경히 만들어 보았습니다

수심정기 깨알체였습니다

경물들

참깨를 베었는데
때 놓쳐 바수수 깨알 떨어지는 소리에
가슴이 철렁하였지만
깻단 조심히 세워놓고 돌아와
여주 장에 다녀왔습니다
참깨 시세가 시원찮다는 걸
날씨도 아시는지
비가 오락가락하여
장이 파장처럼 시들하였고
호미를 사느라 지갑을 꺼내려고
오른쪽 뒷주머니에 손을 넣었더니
아하 피붙이 참깨들 다정함이라니
말 없는 경물들이시라니
깨알들도 시세 알아보려고
여주 장에 따라 나온 것입니다

밭의 신령들

캄캄한 밤

잠든 밭 깨실지 몰라

조용조용히 밭에 간다

귀한 손님 반딧불이 보러 가는 게 아니라

호미 찾으러 가는 게 아니라

미움 모시고 사는 야생초 일가들

그중 많이 미워한 방동사니에게

가을이 가기 전에

송구하다는 말 전하러 간다

밭둑에 두고 온 슬픔 찾으러 간다

신령님들 말씀 들으러

나 밭에 간다

만월 법설

돌모루 큰잿봉에

둥근 달이 떠오르자

가마니를 치던 조부님께서는

환한 것이 벼꽃 대덕이라 하셨고

성주님께 청수 올리시던

어머니는 참한 것이

한 그릇 고봉밥 같다고 하셨고

수를 놓던 누님께선

고운 것이 목화꽃 하이얀 그리움이라고

나직히 말하는 것이었는데

만월 법설 삼장이셨습니다

천지불인

세밑이라고 어수선하온데

할 일이 더 남아 있다는 듯

계묘년 섣달 하현달이 그윽하온데

농사지을 사람이 없는

사고무친 묵정밭 바라보노라면

천지불인天地不仁 넉 자가 사무쳐 온다

과객 까마귀 몇 마리

명 다한 감나무에 앉아 있는데

지붕 내려앉은 집 바라보다가

고요가 많이 불편한 것인지

천지불인 넉 자가 딱하다는 것인지

몇 소절 울음으로 곡비를 자처하였다

찔레꽃머리*

아기 찔레꽃이 고운데

모내기 마치려면 멀었는데

이앙기 엔진이 또 나갔는가

논에 고요가 찾아오고

못논을 쌂고 써레질을 하던

젊은 날 불러내어

곡주나 한잔하고 싶은 것인데

예년보다 일찍 찾아오신

찔레꽃머리 신령님께

고시래도 바치고 싶은 것인데

신령님께선 무슨 근심이 많은지

쓰다 달다 당최 말씀이 없었는데

쟁기가 이앙기에게 진 게 아니고

너희가 진 것이라고

세상이 진 것이라고

일갈하는 것만 같았습니다

*찔레꽃머리 : 모내기 철을 뜻하는 우리 말.

동업들

울고 싶을 때

출근하는 곳 있습니다

텃밭 외롭게 지키고 있는

배추들 실파들 통갓들

상추며 부추들 무수들

저 지고한 불천불역 생령들

동업들이 나에게 있습니다

머잖아 들어가실 때라고

동귀일체 시간 가까웠다고

조용히 말씀드렸습니다

진즉 귀소하신 고추며 감자 깨 아욱에게도

늦었지만 염천 공덕 치하드렸습니다

밭둑에서 향아설위向我設位

잠시 두 손 모았습니다

천지자연체

사대강 공사

끝난 지 어언 십 년

여강 애기 도리섬 모래톱에

독…이라고 써놓고 돌아왔는데

다음 날 나가보니

둑…으로 바뀌어 있었다

몸이 아파 닷새 뒤 나갔더니

득…이라고 쓰여 있었다

사대강 공사 그 난리로

그래 세상은

무엇을 얻었느냐고 묻는

큰 붓 준엄한

천지자연 흘림체였다

생불들

봄날

소원하기로는

어진 이 눈에 띄기를

더 간절히 소원하옵기로는

가난한 이 몸속으로 들어가

한 끼 공양주가 되기를

생명이 생명을 드시는

이천식천 법설 깨닫기를 소원하는

천치 두릅 생불들

'사회적 거리' 깨끗이 무시하고

연둣빛 방광하시는 바보숲

고요 저녁

봄날

생명 축전

한때 목화 값이 좋아

귀한 대접을 받았던 밭

어느 해는 너른 토란잎이 참외꽃이

아름다웠던 공경의 밭

지금은 무엇을 심어야 할지 답답한데

작년에 들깨가 흉작이었으니

올해는 깻금이 좋을 거라고 해

참깨 반 되 들깨 한 되 심었는데

허리 아파 며칠 안 나갔더니

쇠비름 명아주 까마중이 여뀌 바랭이풀들

일일이 다 호명할 수 없는 함자들

생명 축전이 장관이었다

논이여 절 받으소서

오월 논에

모를 심는 일은

천지부모 그리움을 모시는

어린 모 초록 하늘님을 모시는

지극한 모심의 시간

꽹과리 야단이 시작되고

장중한 징소리 법석이 한 숨 돌리자

오랜만에 못줄 잡아본다는

윤기현 윤한택 양윤 문장께서

못줄 한 줄 넘길 때마다

논이시여 절 받으소서 절 받으소서

삼가 아뢰고 싶은 것이다

인내천 지극한 시간 고대하는

우리나라 농투사니들

한 떼기 양천주養天主 봉천답께

삼배가 아니라 삼천 배 좋이 큰절 올리는 것이다

오늘은 논둑 비천한 쇠뜨기도 바랭이풀도

상석에 앉아 절을 받는 것이다

논의 비원

벼꽃은

농부의 절을 받으며

농부 발자국 소리를 들으며

꽃 피우신다는 말씀들이

어디 몹쓸 곳 끌려가

유배가 풀려 고향 찾아오는

몽상이나 하는 저녁

어미소 숨소리가 그리운 논은

누구를 매질하는 소리를

쉼없이 쏟아내는 트랙터를 닮아가는

자신이 무섭다는데

그때로 돌아갈 수 없느냐고

오늘 또 묻는 것인데

참았던 울음 꺼내놓으러 나온

나는 드릴 말씀이 없었습니다

하지 논

뜨거운 유월

하지 무렵이면

어린 벼도 귀가 작게나마 열려서

사람 말 알아듣는다며

논에 나가거든 좋은 말만 하라고

노모께서 신신당부하시는 것인데

그 '용산 부부'만 생각하면 노여워져서

이 썩을 놈의 세상…하다가

얼른 거둬들인 하짓날

초록 벼들이 못 들은 척하시는

백로들 눈빛도 아주 바쁜

미끈 유월

3부

영험한 말씀

한 밥상

오랜 날

소출이 적어

밥 넉넉히 내놓지 못하여

늘 면구스러웠는데

오리나무 그늘 아픈 산모퉁이

천둥지기 그 몸 깊은 곳으로

따뜻한 무엇이 조용히 들어왔다

자기는 눈물 많은 이 편이라면서

달이 그의 손 가만히 잡아주신 것이다

그 손 참으로 따뜻하였다

몇 번 들은 식일완만사지*

진중한 말씀 겨우 헤아렸다

한 밥상 따수운 진지였다

   *食一碗萬事知 : 밥 한 그릇 아는 일이
    우주를 아는 일이라는 해월 법설

영험한 말씀

논에게도
논둑 늙은 버드나무에도
신령이 깃들어 있다면서
새참 첫술은
우리 논께서 먼저 드셔야 한다면서
황톳물 잘박잘박 스며드는
오월 무논 속으로 고시래 고시래
영험한 말씀들
어디 가면 들을 수 있으랴
종일 써래질 노고가 크신
어미 소 착한 눈이 자꾸 논둑 너머
버드나무에 매둔 송아지 향할 때
이랴이랴 워 워 송구한 말씀
이 땅 신령한 말씀들
어떻게 살아야 다시 모실 수 있으랴

벼락

먹구름 꽃 사이

쿠르릉 쿠르릉 번쩍…

희디흰 섬광 벼락 신령께서

야만의 마을에 심방 나오신 것입니다

세상은 순식간 무명으로 가득 차

아직 거짓을 모르는

보랏빛 도라지꽃만 오롯하셨는데

시를 써서 세상을 숱하게 기망한

나는 숨을 데를 찾는 것이지만

사방에서 끈달아 쿠르릉 번쩍!번쩍!

이놈 고얀 놈 벼락 맞아 죽을 놈

그래도 사무사思無邪냐고

아직도 사무사냐고

일갈 하시는 것이었습니다

밭 묵상

꽃 피는 시간

간절히 기다렸다가

희디흰 꽃 이윽히 눈 주다가

꽃 지기를 기다리며 살아야 하는

필경 돌아가야 할 때를 아는

따뜻한 메별을 아는 그대들

거룩한 무위이화 후세들 아니더냐

남전북답 일가들 아니더냐

내년 봄 다시 만나야 할

그대 성자들 아니시더냐

밭 묵상
-우는 게 지는 것 아니오

배추 모종이
너무 밴 거 같다는
그리움의 거리
너무 가차운 거 같다고
많이 솎아내야 하는
밭의 속마음을 아는
연두 배춧모들이 울상인데
언제나 헤어지는 일은 서러운 일
형제들과 떨어지는 게 아려서
금방 울음이 나올 것 같은데
우는 것은 지는 것이라고 배운
연두들아 연둣빛들아
그 울음 참지 말라
그 눈물 진리인 때 있다

어린 모종 솎아내는 날

오늘이 그날이다

밭의 사상
-아기 아욱

단오 무렵

한 철 제 몫 다하고

온숨 내려놓았던 아욱밭에

연둣빛이 은은하여

가까이 다가가 보았더니

막 눈뜬 아기 눈빛들이 다복하였다

아욱국 좋아하는 이가 있어

다시 찾아온 것이다

처서 선물이었다

눈부신 연둣빛 공양이라니

아욱 보살 현현이셨다

뒤란

붉은 모란

숨결 무심한 뒤란

한 삼대쯤 올라가

증조부님 때라고 했던가

동학 발자국 소리 듣고서

세상 바꾸는 큰 굿판이 벌어졌으니

소 한 마리 내놓으시겠다는

증조부님 호언에

기함을 한 증조모님 눈물뿐이랴

조상 신령님들 숨소리

수런거리는 곳

청수 한 사발 놓여있던

저물녘 뒤란

토란 보살

새벽 끄트머리

토란 잎에 맺힌 이슬 한 방울이

고요히 미소 주셨습니다

내 얼굴 수심이 깊었나 봅니다

토란 보살이셨습니다

다 지나가는 거라고 말하는 것 같았는데

미소 드리지 못해 송구했습니다

내일 밭에 나가면

내가 먼저 미소 드리겠습니다

울음 공양

육이오 난리
사주를 업보로 품고
태어난 아기가 있었는데
산천초목이 대신 울어주었음인지
아기가 이틀이 지나도 당최 울지 않아
할머니께서 배내포대기 아기를
돌모루 진산 큰잿봉 쪽으로 돌려놓고
아이고 아이고 육이오 야차 네 이놈
우리 손자 울음밥 돌려주고
어히 어히 물러가라는 썩 물러가라는
비나리가 영험했음인지
울음보가 터지어
큰잿봉 바라보며 울었다는 울었다는
일천구백오십년 음력 칠월 열아흐레

그 울음 지극했다는

사주 이야기

저물녘

삼동 저녁

여강 북쪽 도리섬

기러기들 은빛 군무가 장관이다

붉은 노을 속 금의환향이다

고향 등진 자가

저 눈부신 귀향

부러워하는 것은 사치

동탄 찾아가 용서를 구하기엔 너무 늦어

서쪽 돌모루 향해 두 손 모우는

삼동 저녁

울음경전

오늘도

비는 오시지 않았다

그이 야윈 잎이 오그라들면서

하늘 향해 두 손 모우는 것이

너무도 지극 간절하였는데

예년 같았으면

푸른 신령이 그의 몸에 꽉 찰 때인데

오늘도 배추는 우는 일 말고는

도무지 할 일이 없어서

하루 또 저물어 가는 것인데

그가 가문 밭에 쓴 울음경전이

두꺼워지고 있었다

울음경전
-별권

어렸을 때
집에 울고 들어오면
우는 것은 지는 거라는 어머니말씀에
울음 참으며 산 시간 일흔하고도 몇 해
뒤돌아보니
울음경전 두어 권 실히 될 거 같은데
고맙습니다
어머니

울음 공부

벼꽃 늦게 피어

끌탕하는 늙은 농부

소 달구지 버리고

경운기 이앙기에 맡기어

논밭 옳게 섬기지 못한 죄

어미소 발자국 소리 끊어지게 한 죄

쟁기며 보습에게 삽에게 낫에게

바닥을 친 둠벙에게

초생달 품어주던 물꼬에게

삼배 구고두례도 모다 쓸데 없는 저녁

숨겨둔 울음터 찾아

울음 공부하러 가는

만학 노농老農이 있다

액년 설법

논에서 눈 감은 이가

내 연두인 줄 몰랐습니다

밭에서 깨어나지 못한 이가

우리 연두빛인 줄 몰랐습니다

그 연두가 우리 어머니라는 것

그 연둣빛이 우리 신령님이라는 것

너무 늦게 알았습니다

논의 마지막 말씀 있었다는데

밭의 떨리는 말씀도 있었다는데

액년 설법 전해주는 이 없었습니다

우리는 연두와 함께 눈 감았기에

오호라 우리는 연둣빛과 함께

액년 맞았기에

아픈 꽃

돌모루 외딴집

불두화가 참 장했는데

그 집 소년의 이름

당최 생각이 나지 않는데

조막손이 어린 손주가

풍 맞아 용주사에 못 가는 할머니에게

불두화 꽃다발 만들어 드렸더니

손주 조막손 어루만지며

우리 장손이 부처구나 부처구나

꽃들도 아팠겠구나 하시면서

비손 멈출 줄 모르는

어느 해 사월 초파일

지극한 봄날이 있었습니다

4부

신령님이여 숲을 떠나지 마옵소서

거룩한 온기

고염 나무 우듬지

부엉이 푸른 눈이 빛날 때

쇠죽솥이 끓어 넘치고

타오르는 불 두어 삽 끌어모아

막걸리 주전자 올려놓는 일이

어린 장손에게는 대업이었는데

조부님 흰 수염 쓰다듬으시며

냉기 순해지는 온기 기다리는 시간

사랑채 윗목도 훈훈해지고

외양간에서는

암소 모자가 연방 큼큼거리며

쇠죽솥 뜨거운 기운

그윽히 바라보는 눈빛이

참 거룩하였습지요

출행

벼 다 베어

한시름 놓았지만

이래저래 들깨밭 출행만 세 번

그래도 한가위 전야인지라

보름달 뵈옵고 꼭 드릴 말씀이 있어

세 번이나 나갔던 것인데

먹구름 속 월면불께옵선

오탁악세 서운한 게 많으신지

중생들 불쌍하지도 않으신지

끝내 나투시지 않았습니다

마을 초입 당산나무에는

고향 방문을 환영한다는

현수막이 펄럭이고 있었는데

많이 힘들어 보였습니다

한가위 출행 쓸쓸하였습니다

신령님이여 숲을 떠나지 마옵소서

작은 숲

무슨 소리가 있었는데

하두 작아서

잘못 들었는 줄 알았는데

그의 목소리였습니다

사람 발자국 소리 기다렸다고

오래 그리워했다고

그런데 이제 기다리지 않기로 했다면서

벌목이 끝난 시간 속으로

사라지는 것이었습니다

아무도 없는데

발밑 쐐기풀인지도 모르겠습니다

집을 빼앗긴

어린 국수나무들

눈물인지 모르겠습니다

허물 얌전히 벗어놓고 돌아간

버마재비인지도 모르겠습니다

초록빛이 슬픈

가시나무새인지도 모르겠습니다

최후의 신령님들인지도 모르겠습니다

꽃 그만 주소서

빈집

사람 발길

지워진 지 아득하온데

늙은 모과나무께서 누구 기다리다가

혼불이라도 불러내셨는지

빈집 모과꽃으로 불 밝힌 것인가

사람 떠나고 나면

신령님도 따라 나가시거늘

돌아오겠다는 말 잊지 못하여

우리 신령님 떠나시지 않고

올해도 꽃 주신 것이리

지붕 무너진 지 십 수 년

우물도 메워지고

이제 꽃 그만 주소서

성자들

모든 저녁

자비의 시간이어서

아직 아수라 몰라도 되는

어린 것들 살포시 끌어안아 주셨나니

고조선 만고 한배검님 이래

집집마다 육축들 그중에서도

어미닭님 성자들 있어서

세상의 어둠 아무리 깊어도

신새벽 싯푸른 말씀으로

암흑의 시간들

제도하셨나니

속죄

보리 사월

깐깐 오월

미끈 유월

어정 칠월

동동 팔월

그 논밭으로 돌아갈 수 없는

먼 곳에 두고 온 것이 많은

먼 곳에 버리고 온 것이 많은

생의 먼 곳을 잃어버린 자

칠십종심 노농 홀로이

무릎 꿇는 저녁

피붙이들

가는 귀 잡수셨지만

눈빛이 깊은 할머니께서

아욱 참외 호박 서리태 가지 씨종자 담은

작은 종재기 앞에 놓고

우리 귀한 피붙이 피붙이들 하시면서

베 보자기에 정성히 싸서

조상님들 드나드시기 편한 데다가

두 손 모으며 걸어두는

지극한 저녁이 있었는데

어디 가야 그 저녁 뵈올 수 있을런지

초저녁 잠에 드시면서

내일 아침 깨어나지 않기를 소원하시더니

그여이 그 소원 이루셨던

가는 귀 잡수신 할머니

선근

오월

찔레꽃머리 때

태어난 병아리들

헤아려 보니 석 달 열흘 백일이다

논의 선근들

홀로이 벼꽃 피우시더니

가만히 벼 이삭 내놓으시던 날

백일 답례라도 하는 듯

그중 한 울음소리가 헌걸차다

아직 탁성이지만

첫 울음소리치고는

오탁악세에 고맙게 들을 만 했다

해 지는 서쪽 향해 눈 주는 데

문득 한 이름이 걸어 오셨다

오늘부터 백일이 이름은 주봉*이다

돌모루 선근善根이었다

　*朱鳳 : 홍사용의 시 '나는 왕이로소이다' 창작 산실, 동탄 석우리에 있음

무거운 물건

그믐날 찾아온

신륵사 범종소리도

나를 붙들고 있는 무거운 그것

내치지 못하였다

큰 슬픔도 다 지나가는 것이라고

그것 지나간 자리에

뜨거운 무엇이 찾아온다고

종소리가 말하는 거 같은데

나는 뜨거운 무엇을 믿지 않았다

범종소리가 몇 차례 더 있었고

종소리는 누군가를 그리워하는 것 같았고

강에는 먼곳 바이칼호를 떠나온

댕기흰쭉지 철새 일가가

두려움을 내려놓고 있었다

그 두려움 바로 옆에

내 슬픔 가만히 내려놓았다

무거웠는데 따뜻했다

그믐날이었다

논 공덕

오월 비

끈달아 사흘째입니다

어제 모내기 끝낸 집

홍복이옵지요

전생 후생

두 곳 모두

논 공덕이

아주 컸음이옵지요

꽃에 씌었나이다

점점

눈 어두워 가

그저 환한 것이면

어진 것들이시거니 믿은

노모 들녘 지나가다가

돌보는 이 없이도 독야청청하옵는

도라지꽃들 보시고는

우리 초록 신령님들

꽃들에 씐 시간이라고

말씀하셨습니다

열대야

바보숲 은둔자

찔레꽃들도 다 져서 없고

별 한점 보이지 않는

이 밤이 너도 야속했나 보다

내 오래된 벗 고라니 은둔자여

너도 잠 못 이루어

달맞이꽃 피어나는 것 보려고

어두운 강에 나왔나 본데

눈썹달만 외로워

내 눈 한사코 마주하지 않으려는

겁 많은 고라니 형제여

나는 열대야가 무섭고

너희는 세상이 두렵고

육철낫

오늘

김장 무수 씨앗 뿌리려고

고종명에 드신 고춧대 향해

낫 들어갑니다

조용히 말씀드리고서 그의 몸에

육철낫 대었습니다

아내는 시퍼런 육철낫

쓰일 날 쉬 생길 것 같은

세월이 무섭다며

청수 한 그릇

장독대에 모셔 놓구

비손하는 날

많았습니다

밑창

누추한 신발 밑이

논에서 금방 나온 장화 밑이

따수운 작업화 밑창이

미더운 지하 혁명 당원증

질경이도 쐐기풀도 개망초도 쑥부쟁이도

숨 붙어 있는 온갖 생

버림받은 바닥에 살면서도

씨종자이어야 하는

씨앗꽃이어야 하는

한사코 한사코 꽃이어야 하는

끝끝내 삼천리 꽃이어야 하는

오늘도 시궁창 숱하게 지나왔어도

향그러운 초록 혁명당

신성한 밑창

그 불

눈은 그치지 않고

쏴아 쏴아 된바람이 대문을 흔들고

쇠죽은 벌써 끓어 넘치는데

활활 타오르는 불 숨 다독여줘야 하는데

그 불 붙잡아 두지 못하는

어린 나는 싯뻘건 불이 무서운 것

그 불 대수롭지 않다는 듯

어서 밥이나 달라는 소가 미운 것이다

오늘은 윗목까지 철철 끓겠구나 하시면서

눈을 털며 들어오시는 할아버지는

아궁이 신령님을 믿으신 것이다

그냥 나는 눈물이 나고

눈은 멈출 줄 모르고

구신

우리 돌모루에는 없고
동탄면사무소 앞 방앗간에만 있는
뽐뿌라는 신기한 물건인데
왼손잡이 방앗간 주인 양반이
뽐뿌 뭉툭한 쇠자루 끄트머리를 잡고
상하 위아래로 예닐곱 번 왔다 갔다 했더니만
글쎄 그 위인이 곰비곰비 크억크억하면서
콸콸 쏟아 내놓는 시원한 것이라니
날로 눈 어두워가는 할머니는
천길 지하 신험한 구신께서
중생들이 자꾸만 눈에 밟히어
힘쓰시는 것이라고 일러주었는데
일곱 살 손자는 좋은 귀신도
세상에 많은가 보다고
믿었던 그런 날이 있다

수원 농고
-논의 사상

삼가 씨앗 모시는 법

그곳에서 배웠습니다

꽃 중의 꽃 벼꽃 나투시는 것

수원시 영화동 55번지

그곳 수원농고에서 보았습니다

그때는 몰랐지만

돌아보니 하늘님 뵈온 곳도

그곳이었습니다

그곳이 시詩인 줄 몰랐습니다

5부

시 한 근 값 묻는 농부가 있었습니다

소년행

나 오래된

꿈 하나이 있습니다

다시 소년으로 돌아가

어머니 강께서 가르쳐 준

울음 공부 제대로 하여서

달 떠오르면 강의 말씀

한마디도 놓치지 않고

적바림해두었다가

피안 저쪽 건너다 주는

천치 사공이 되고 싶은 소원

노 저어 소년으로 돌아가는

헛된 꿈 하나이 있습니다

홰나무

너무 먼 곳인가

고조선 하늘 아래

연둣빛 품은 홰나무 두리에

청사초롱 선남선녀

춤사위 지극하였나니

아가야 어여쁜 우리 아가야

고조선 그리 먼 곳 아니란다

이리 온 어서어서

강 마을 도리 홰나무

꽃그늘 아래로

성물

손톱의 때

그것 경물이나니

손톱의 때만도 못하다는 말

초록법으로 엄금해야 하나니

그것 손톱의 때

늘 일하시는 하늘님들

논밭의 소소한 기별이시나니

일미진중함시방* 설법 모르더라도

후천개벽 그리움 아니더라도

손톱의 때

그것 경물이거니

그것 성물이거니

*一微塵中含十方 : 한낱 티끌 속에도 우주가
들어 있음이니… 화엄경 설법

봉우리

주봉 지나

비산비야 작은 봉우리

변변한 이름 하나 갖지 않고서도

한결같이 다정하였던

말 못하는 벙어리였으니

거기다가 귀까지 잡수셨으니

천치 봉우리

고향 등진 자들이나

더러 밤 늦어 찾아오던

그 봉우리에 누워 깊이 잠들어

영 깨어나지 않았으면

그때 봉우리에

초저녁별 하나이 떠올랐으면

오호라 생은 그런 것

고향은 그런 곳

바보 봉우리

초란

한 우주께옵서

어리석은 농부 찾아 주셨다

차츰 눈 귀 어두워가서

논밭 바라보는 것 저어하였는데

꼬꼬댁 꼬꼬꼬댁…

세계의 몽매 깨우는 죽비였다

고요 천둥소리 잠시 머문 시간

방금 내놓은 초란 한 알이 거룩하였다

무딘 호미들 몇이서 지키는 헛간

외딴집이 점등인 불빛으로

오래도록 황홀하였다

한 우주 찾아온 초란이셨다

초심이셨다

바리데기들이여
우투리 소년들이여
지금 어디 쯤 오셨는가

천도복숭아 사모하여

아기 복숭아나무 두 그루 나란히 심었는데

한 그루는 바리데기 복숭아나무

또 한 그루는 우투리 소년 복숭아나무

그날 팽목항 그 비보

두 귀 막고 두 눈 감고 입 틀어막고서

청맹과니 십 년간이었는데

바리데기 공주들 소원

꿈에도 꿈에도 잊지 못하여

우투리 소년 장수들

겨드랑이 은빛 날개 감추지 못하여

먼길 떠나는 것 붙잡지 못하였는데

복숭아꽃 시나브로 흩날리는 봄날

십 년 생 천도복숭아꽃 눈부신데

선남선녀 우리나라 선근들이시어

그대들 지금 어디쯤 오셨는가

어디쯤 어디쯤 오고 계신가

어둠으로 돌아가소서

어제는 못 들은

어둠으로 돌아가라는 말씀!

들깨 베고 들어가다가 저녁에 들었습니다

지금 이 길 죽음의 길이라는

지금 이 빛 미친 빛이었다는

지금 저 광명은 너희 것 아니라는

울음 가득한 말씀이셨습니다

어머니가 떠놓으신 정안수에 서렸던

그 순결한 빛만 너희 것이라는 말씀이셨습니다

그 빛 깨끗한 빛 뵈오려거든

지난날 떠나온

그 마을 어두워 오는 시간으로 돌아가

다시 가난해지라는 당부셨습니다

저문 밭에서 들려왔는데

초록 법설이셨습니다

아주 낮고 여린 목소리였습니다

그때 초생달 이쁘셨습니다

치성례

뒤돌아보니
가난했던 시절이
일가 이루기 더 좋았다고
구절초가 혼자말을 하는 거 같은데
유구무언이신 당산나무
팽나무 잎새가 고요에 몸 맡기어
서쪽으로 고개 숙이는 시간
벌써 서리 모시는 시제라
저의 몸 다 내주신 구절초가
내어줄 게 더 남아있는 개똥쑥에게
올 한해 애 많이 썼다며
아직 좋은 세상 요원하지만
내년 또 만날 수 있기를 소원하는
치성례가 자못 무거웠음이니
다 신령님 공덕이거니

걷는 이

길 걷는 이

우주 깊은 골짜기까지 오래 걸어

고요한 데서 숨 잠시 내려놓을 때

그는 매일 새롭게 태어나는 것이리

숨 온전히 모심으로서

그는 늘 신생의 첫발 내딛는

어린이로 돌아가는 것이리

먼 길 남아 있는 이들은

영구혁명론자인 것이리

쓰러진 곳

지나온 길

얼마나 가팔랐던가

기다려도 기다려도 님 오시지 않고

우는 것도 우세스러워

홀로 숨죽여 울어야 했던 나날

그 울음 너머

무너진 시간 칠흑 속을

삼보일배로 걸어 나온

저 목숨들을 보라

저 씨앗들을 보라

쓰러진 곳은 다시 일어서는 곳

목 베혀진 자리 초록 일가들

그곳 거룩한 곳 성지

쓰러진 곳 잊지 말라

참회

나 오늘 간토에 간다

백 년 대학살 슬픔 친견하러 간다

먼 먼 현해탄 너머 섬나라

백 년 전 향해 삼보일배로 간다

경인 경천 경물이나 묵상하는 어리석은 나

소위 천황의 나라

백년 전 간토대학살 때

빠가야로 조센징 외쳤던 자경단원

아쿠타카와 류노스케* 芥天龍之介 따위

죽임의 노래 탐미 서사들에게

인내천 오래된 말씀 들려주려고 간다

윤동주 시인 서시 뵈오러 간다

원전 핵 오염수 방류되는

후쿠시마 앞 바다에게

사죄를 모르는 일본인들에게 참회라는

거룩한 말 일러주러 간다

간토 대학살 조선인 중음신들에게

무릎 꿇어 삼배 바치러

백 년 전 향하여 거대 질곡 향하여

나 오늘 간토에 간다

*芥天龍之介(1892-1927) : 일본 근대문학의 대부. 1923년 간토대학살 때 자경단 참여, 대표작 『라쇼몽羅生門』 등.

그대에게 가는 길

보리를 밟으며

첫사랑 고백하였던

푸른 밭 밀애의 시절

그 길 찾아가는 길 잃어버려서

보리밭 정분도 까맣게 잊어서

그대와 함께 했던

순결한 시간 속으로

공장 굴뚝들이 드높이 올라갔고

외진 땅 어느 보리밭에는

마천루 불빛이 휘황하였고

우리의 무구한 답청踏靑 한복판에는

고속도로가 두억시니처럼 누워

거친 숨소리를 내고 있었고

그대에게 가는 길 너무 아득하여서

바람 드센 날 저녁

섧게 울고 있는 이 보거든

그이 뜨거이 끌어안아 주시오

그게 나요 그게 나 보리밭이오

호시절 돌모루 신령이오

시 한 근 값 묻는 농부가 있었습니다

시 그 물건

어디다 쓰는 것인지 모르지만

시 같은 거 모르며 살았어도

하늘과 동업하신 공덕으로

그럭저럭 망 구십인 농부

모두가 가난하였지만

논밭의 말씀에 귀 기울였던

강의 말씀 밝히 들을 수 있었던

지난날이 그립다는

노농 말씀이 무거웠습니다

잘 말린 태양초를 내기 위하여

여주 오일장 나서려는 것인데

고춧금이 안 좋다는 소식 들으셨는지

시 한 근 값 조용히 물으신 것입니다

가만가만히 생각해보니

한 줄의 시를 쓴 적도 읽은 적도 없는

저 노농 대덕이 시인이셨습니다

대지의 시였습니다

다시 심고心告
-혼자 보고 혼자 들은 말

삼가 심고 드립니다

초록 법설은

불초가 쓴 것 아니옵구

순전히 논밭 신령님들의 말씀

받아 쓴 것이니 내 것이 아닙니다

가여운 신령님들 말씀

논밭 귀퉁이에다가

풀뿌리로 틈틈이 써뒀던 것인데

눈 어둡고 귀 밝지 못하여

제대로 받아 썼는지 두렵습니다

말 속에는 혼령이 모셔져 있다는

조부님 말씀 외경하며

칠십종심 무사히 지나왔습니다

오월 모내기가 한창일 때

'찔레꽃머리' 다섯 자

세상이 시끄러울 때

'시는 만고역적이다' 여덟 자

일러 주신 정각 김성동 작가

일초 고은 시인 두 선지식께

공경 삼배 올립니다

그리고 여강 모래톱에서 들었는데

'시는 천지간 농업이다' 아홉 자 들려왔는데

누구 말씀인지 모르겠습니다

그때 마른 천둥 번개 두어 번 있었는데

잘 모르겠습니다

잘 모르겠습니다

6부 발문

천지 동업들의 말씀

농자農子

 나 농자요. 별을 노래하는 자. 고조선 흔한 이름으로 땅이오. 내 본관은 천지자연, 어떤 이는 천지부모를 관향으로 쓰는 이도 있다고 들었소. 굳이 항렬 밝힌다면 공맹자 노장자 양묵자와 한 항렬이오. 시절 기험하여 황금 부동산 땅으로 호명되는 말세 불우가 있으나 논 한 마지기에서 벼 다섯 가마 근검히 내놓고 밭 한 뙈기에서 서리태 너 말 들깨 서 말 녹두 말 가웃 공근히 소출하는 생령이오. 오직 내 몸이 하늘님이라고 믿는 천치요. 호미 은공 잊지 않고 육철낫 눈빛 아프게 바라보는 자요. 한때 뒤란 오동나무에 눈썹 흰 봉황이 깃들기를 소원한 적 있는데 가여운 굴뚝새가 붉은머리오목눈이들이 봉황이어서 그들과 눈 맞추는 게 내 홍복이었소. 하온데 우리 천지자연께서 우리 천지부모께서 문명 업보로 기후위기 멸세에 이르렀음이니⋯ 빛의 남용 광명 업보라. 필경 죽음이라 죽음이라⋯ 우리 천지부모께서 온갖 괴질 만병 껴안고 있소. 나 지금 너무 아프오. 시가 무엇인지 모르오. 그런데 초록과 더불어 사는 시에게 치유의 권세가 있다고 들었소⋯ 시여 우리 천지부모 좀 살려주오. 나 좀 살려주오.

여강옹 如江翁

 나 여가, 여강이오. 내 연원은 이 나라 백두대간 골짜기 외진 숲에서 해로하는 나무들 초록이오. 그 초록빛 작은 몸에 깃들어 사는 한 방울 이슬이 내 조상이오. 세상은 우리의 꿈이 바다에 이르는 것으로 알고 있지만 다 그렇지 않소. 나도 서쪽 황해 향하다가 목마른 곳 만나 발걸음 멈췄는데 이곳 궁벽한 마을 논이었소. 밭이었소. 그리하여 여주평야였소. 그런데 그런데 무도한 야차들이 사대강 공사를 시작하자 여울물 소리가 내 곁 떠나갔소. 그때 내 몸에서 신령님도 나가셨소. 나 그때부터 귀머거리였소. 죽은 몸이었소. 어제는 여강 찾은 재두루미 일가 만나는 호사가 있었소. 그들도 여울 소리를 찾아온 것이었소. 어떤 때는 고요 천둥이었다가 여느 날은 아기 옹아리 목소리였던 천진의 저녁을 경배하러 오신 것이었소. 그끄저께 밤이었던가. 한 호호백발 농부가 여강 모래톱에 '독' 이라 쓰고 들어가기에 보기 딱하여 얼른 '둑'이라 고쳤고 어제는 '득'이라고 슬쩍 고쳐 놓았소. 저물 무렵 '득'자 일별하는 호호백발 눈빛이 평안했소. 감히 염화미소라고 칭할 만했소. 소원이 있소. 내 오래된 연원 상수리나무 초록빛으로 돌아가 초록 품에 안기는 것이오. 시여 고귀하신 시여, 나 그곳으로 데려다주오.

산림거사 山林居士

 나 저 불빛이 무서워 불출산외不出山外 서원하고 숲에 들어왔는데, 그때 들은 말씀 정녕 잊지 못하오. '시인은 숲으로 돌아가지 못한다'!는 장탄식이었소. 그 말씀 참으로 엄중하였는데 벌써 반 갑 자 삼십 년 전 일이오. 통성명하고 지내는 시인은 없지만 시인들에게 꼭 전해 줄 말씀이 있소. '문명 앞에 숲이 있고 문명 뒤에 사막이 있다'는 어느 선지식 진언이오. 지금 우리는 미친 불에 대취 광란의 불에 데어 두 눈 잃었소. 어머니 빛을 잃어버렸소. 초록별에 대자대비한 어둠이 있어야겠소. 초록별에 한동안 무명이 있어야겠소. 고요 저 너머 달빛이 별빛이 시였음 좋겠소. 시인이여 저 광기의 불 좀 꺼주시오.

미가 米家

나 쌀이오. 일미칠근一米七斤 구슬땀으로 빚은 만인의 밥이오. 해월 성자께서 미천한 나에게 하늘님이라고 하시어 크게 놀라 절 올렸는데 송구하옵게도 맞절이셨소. 그는 또 말하였소. '식일완만사지'食一碗萬事知라. 밥 한 그릇 아는 것은 세계를 아는 것이라는 거룩한 말씀이셨소. 시인 또한 귀한 하늘님이시나니 시 한 편 속에도 우주가 모셔져 있어야 한다는 말씀이오. 나 어리석은 미가 생각이오.

초록 법설
_____

초판 | 2024년 10월 30일
2쇄 | 2024년 11월 25일
지은이 | 홍일선
펴낸이 | 성향숙
디자인 | 주선미
전각 | 공재 진영근
펴낸곳 | 도서출판 시화총림
등록번호 | 648-91-01963
주소 | (16279) 경기도 수원시 장안구 조원로 16, 203-605
전화 | 031-890-3117, 010-2396-3127
이메일 | shs003127@hanmail.net
ISBN | 979-11-989894-0-6

정가 12,000원